D1690207

Peter Klever

Gemeinsam durch das Leben gehen

Jahreszeiten der Liebe

Verlag Ernst Kaufmann

Quellenverzeichnis

S. 9: Klaus Eulenberger, aus: D. Schupp, „Harmonie ist nicht alles", Verlag Ernst Kaufmann, Lahr 1989
S. 14 und S. 18: Phil Bosmans, aus: ders. „Vergiss die Freude nicht", Verlag Herder, Freiburg, 52. Aufl. 1999
S. 21-23: Dieter Schupp, aus: „Harmonie ist nicht alles", Verlag Ernst Kaufmann, Lahr 1989

Alle Fotos von Peter Klever

Die Deutsche Bibliothek – CIP Einheitsaufnahme

Gemeinsam durch das Leben gehen: Jahreszeiten der Liebe / Peter Klever. –
Lahr: Kaufmann, 2000
ISBN 3-7806-2542-3

1. Auflage 2000
© 2000 Verlag Ernst Kaufmann, Lahr
Dieses Buch ist in der vorliegenden Form in Text und Bild urheberrechtlich geschützt.
Jede Verwertung ist ohne Zustimmung des Verlags Ernst Kaufmann unzulässig und strafbar.
Dies gilt insbesondere für Nachdrucke, Vervielfältigungen, Übersetzungen, Mikroverfilmungen
und die Einspeicherung und Verarbeitung in elektronischen Systemen.
Printed in Germany
Fotos: Peter Klever
Umschlaggestaltung: JAC, unter Verwendung von vier Fotos von Peter Klever
Hergestellt bei Proost N.V., Turnhout (Belgium)
ISBN 3-7806-2542-3

Jahreszeiten der Liebe

Jede Jahreszeit hat ihr eigenes Gesicht,
ihr eigenes Gepräge, ihr eigenes Licht,
ihre eigene Färbung, ihre eigene Temperatur,
ihre eigene Wirkung auf unser Gemüt.

Wie bei den Jahreszeiten
können wir auch bei der Liebe zwischen Partnern
im Laufe eines Lebens Wandlungsprozesse wahrnehmen.
Ähnlich den Gezeiten der Natur
weiß die Liebe
angesichts unterschiedlicher Herausforderungen um Veränderungen
und kennt zu verschiedenen Zeiten ihr jeweils eigenes Gepräge.

Blick zurück oder nach vorn?

Die beiden saßen auf einem Felsen an der bretonischen Küste.
Vielleicht genossen sie nur die Gegenwart des Urlaubs,
den gemeinsamen Blick in die Weite des Meeres, das sich vor ihnen öffnete.
Manchmal gehen aber in solchen Augenblicken die Gedanken auch ganz eigene Wege.

Vielleicht dachte der eine von ihnen zurück:
an die Zeiten der Begegnung und der Bindung aneinander,
an die Gründung der Familie …
Sie hatten schon einen weiten gemeinsamen Weg hinter sich.
Es gibt Situationen, in denen die ganze Vergangenheit lebendig wird.

Vielleicht dachte der andere mehr an die Zukunft.
Was liegt noch alles vor uns?
Wird sich die Liebe, die uns zusammenführte, bewähren,
wenn wir gemeinsam alt werden?
Das hatten sie schon erfahren: Ihre Liebe war von Krisen nicht verschont geblieben.

Das Erwachen der jungen Liebe

Jede Blüte im Blumenmeer,
das im Frühling Wiesen und Gärten, Flure und Raine überzieht,
wird zum Symbol für die Gefühle,
die Menschen füreinander empfinden.

Alles erscheint anders,
atmet Aufbruch und Frische,
Farben beginnen zu leuchten,
alle Sinne scheinen in Glücksgefühlen zu baden.
In jedem Tag verborgen liegen Überraschungen bereit.

Es ist die Zeit,
in der Gedichte und Lieder der Liebe eine besondere Bedeutung haben.

Frühling der Gefühle

Einfachste Dinge werden wichtig.

Der Schritt, der mich in die Nähe des geliebten Menschen bringt.

Der Händedruck, den ich verspüre.

Das Lächeln, das mir gilt.

Der gemeinsame Weg – vorbei an leuchtenden Blüten.

Der Genuss, sich in eine Frühlingswiese zu legen
und in die vorbeiziehenden Wolken zu schauen.

Den Stimmen der Vögel zu lauschen und Träumen nachzuhängen.

Einfachste Dinge werden wichtig.

Begegnung

Wir sahen uns.
Wir sahen uns an – länger als einen Augenblick
und wir sahen – mehr als ein Gesicht.

Wir sahen einen Menschen,
der den anderen sucht,
der ihn wahrnimmt,
der ihn versteht,
der ihn wärmt,
der ihn annimmt.

Wir sahen uns.
Wir sahen uns an
und entdeckten diesen Menschen im anderen.

Am Anfang – Hoffnung

Gott, es ist schön,
zu lieben und geliebt zu werden.
Wir fühlen uns wohl,
wenn wir einander nahe sind.

Dieses Gefühl
soll sich nicht abnützen
und verbrauchen.

Lass es vielmehr wachsen
und sich bewähren –
in allem,
was wir erfahren und erleben.
Amen.

Die Zeit bleibt nicht stehen

Frühlingsblumen können schnell verblühen.
Die „hohen Gefühle", die die junge Liebe begleiten,
können sich im Entschluss, gemeinsam zu leben,
schnell ermäßigen, in der Alltäglichkeit sogar verflüchtigen und verlieren.
Früher sprach man vom „verflixten 7. Jahr" –
heute macht sich Krisenstimmung bei vielen schon früher breit.

Das Leben besteht nicht nur aus Höhenflügen, sondern ist sehr erdgebunden.
Es zeigt sich, wie jeder geprägt worden ist durch seine bisherigen Lebenserfahrungen.
Welchen Einfluss wird das bisher Erlebte ausüben?
Wie wird es mit der Liebe beim Zusammenleben weitergehen?
Das steht am Ende jeder Trauung im Raum –
und solche Gedanken nimmt das folgende Gebet aus einem Traugottesdienst auf.

Fürbitte bei einer Trauung

Für diese beiden Menschen bitten wir dich, Gott:
jeder mit eigener Herkunft und Geschichte,
jeder mit unauslöschlichen Eigenarten,
die nicht aufgehen werden in denen des anderen,
mit Ängsten, die nicht einmal die Liebe erlösen wird,
mit den Schatten vergangener Jahre,
mit der besonderen Sehnsucht nach Wärme und Vertrautheit.

Für diese beiden Menschen bitten wir dich, Gott:
dass sie, Gäste auf Erden, füreinander „Gast im Haus" sein werden,
niemand zu eigen, nicht des anderen Besitz,
nicht abhängig voneinander und von dem, was ihnen gehört,
sondern einander zugetan in freier Liebe;
dass sie einander zu gehören vermögen in dem Maß,
wie sie sich lassen können.
Dass sie sich schön finden im Gesicht des anderen
und sich fühlen mit seinen Sinnen.

Dass sie genau kennen lernen, was sie unterscheidet,
damit sie umso genauer wissen, was sie eint.
Dass sie sich nicht fürchten voreinander.
Dass ihre Freundlichkeit wachse
und sie wachsen in der Freundlichkeit, die sie einander geben.
Dass sie nie zur Waffe gegen den anderen machen,
was sie über ihn erfahren und mit ihm erleben.
Dass sie einander vertrauen und vergeben können.

Ihrer Liebe gib einen langen Atem, Gott.
Es ist deine Liebe, von der wir leben
und von der diese beiden leben werden.
Sie hört nicht auf, sagst du
und wir wollen dir glauben.
Wir bitten dich für uns und für alle.
Amen.

Klaus Eulenberger

Was uns das „Hohelied der Liebe" (1. Korinther 13) nahe legt

Und wenn ich hundertmal sagte:
„Ich liebe dich",
und es würde nicht bestätigt durch mein Verhalten
von Augenblick zu Augenblick,
so wäre es nur ein Geräusch
oder nur ein Klang im Ohr dessen,
für den es bestimmt.

Und wenn ich zuhören könnte
und alles Verständnis aufbringen würde für das,
was mir der andere sagt,
aber – ich wäre ihm nicht ganz zugewandt,
so fehlte dem anderen das Empfinden:
Bei dir bin ich ganz aufgehoben.

Und wenn ich mich selbst hingäbe, verschenkte –
mit meinem Empfinden und meinem Körper,
aber – ich verspürte nicht
die gegenseitig erlebte Tiefe des Symbols,
gewolltes, gewünschtes Sich-Finden,
Verschmelzung von Gedanken und Gefühlen,
von Geben und Empfangen,
so schrumpfte das Geschehen zur Routine der Lust
und es fehlten ihm die Pfeiler,
die Gewölbe von Domen tragen.

Lang ist die Liebe – nicht langweilig.
Weit ist die Liebe – nicht eng.
Unendlich ist die Liebe – nicht endend
an der Aufregung neuer Aspekte.

Die Liebe trägt und verträgt den anderen.
Die Liebe wächst über Launen und Egoismen hinaus.
Die Liebe will nicht größer sein,
als sie Kraft hat.
Die Liebe entzieht dem anderen nichts.
Die Liebe fragt nach dem,
was dem anderen gut tut
und versucht das Ihre dazu zu tun.
Die Liebe will nicht wehtun.

Die Liebe spielt nicht Versteck.
Die Liebe öffnet sich dem anderen
und lässt sich erkennen.
Die Liebe teilt sich mit und teilt sich aus.

Die Liebe lebt nicht von Heimlichkeiten.
Sie bleibt offen und durchschaubar.
Sie verstellt sich nicht und täuscht nicht.
Die Liebe lebt von der Aufrichtigkeit.

Eine Liebe, die so ist –
trägt alles,
gibt alles,
hofft alles.

Eine Liebe, die so ist,
braucht sich nicht auf,
sondern wächst und wird größer.

Nach Paulus von Tarsus

Der Sommer – wenn die Liebe älter wird

Fließend sind die Übergänge vom Frühling zum Sommer.
Das Grün wird satter, die Farben der Blumen intensiver,
die Sonne am Tag wird heißer, beschert uns aber warme Abende und laue Nächte.
Der Sommer lockt mit Festen in Gärten und auf Balkonen.
Das Leben wird intensiver.
Im Sommer wachsen uns viele Aufgaben zu.
Was im Frühjahr gesät und gepflanzt wurde,
muss umsorgt und gepflegt werden, damit es gedeiht.
Unermüdlicher Einsatz: gießen, schneiden, jäten, Schädlinge bekämpfen, düngen,
hacken und – ein erstes Ernten.

Der Sommer zeigt, dass unser ganzer Einsatz gefordert ist.
Dasselbe gilt der Liebe.
Auf den Schultern der Liebenden ruht nun die Aufgabe, die Fülle der Versprechen,
die sie einander gegeben haben, wenigstens ein Stück weit einzulösen.

Der Liebe eine immer neue Chance geben

Entfalten möchte sich die Liebe im gemeinsamen Leben
wie die Sommerblumen im Garten, die nach und nach aufblühen
und den Garten mit üppigem Leuchten überziehen.

Ungezählte kleine Vorgänge sind es, in denen sich die Liebe entfaltet:
Die Beachtung, die dem anderen geschenkt wird.
Die zärtliche Berührung, die nicht in Vergessenheit gerät.
Die Umarmung, die – gepflegt – jedes Mal neu und schön ist.
Die Fürsorge, mit der man einander liebevoll umgibt.
Die Hand, die ungefragt zupackt und hilft.
Das Verständnis, das man füreinander aufbringt.
Die Meinungsverschiedenheiten, die ausgetragen werden.
Die Auseinandersetzung, über die man hinterher lacht.
Das versöhnende Wort, das einer als Erster findet.
Die Kleinigkeit, mit der man einander überrascht.
Die mitgebrachte Blume, die Freude weckt.
Die vielen kleinen Dinge, mit denen man zeigen kann:
Ich achte dich, ich schätze dich, ich ehre dich, ich liebe dich.

Liebe und Sexualität

„Mit unserem Leib sind wir einander nahe,
können wir einander begegnen in Freude und Freundschaft.
Ohne Leib sind wir nirgendwo.
Ein Glück, dass die Sexualität aus der Dunkelkammer der Tabus herausgeholt wurde.
Sexualität ist etwas tief Menschliches,
wertvoll für die Entfaltung des Menschen …

Sexualität ist nicht Ziel des Lebens und auch nicht seine Erfüllung …
Gesunde menschliche Sexualität ist nur voller Freude und Sinn,
wenn die Luft voller Liebe ist,
wenn die Hände keine Greifer sind,
sondern Zeichen von inniger Zartheit,
wenn der Leib voller Seele, frei von Ängsten und Begierden,
ein leuchtender Hafen, ein Haus voller Frieden,
das tiefe Geborgenheit bietet."

Phil Bosmans

Die Gefahr der Gewöhnung

Wer mit dem Auto in den Bergen unterwegs ist, kennt Wegschleifen. Ähnliches kennt auch die Liebe: immer wiederkehrende Situationen, sich wiederholendes Verhalten in der Partnerschaft. Im Hin und Her der Alltäglichkeit die Empfindung, gar nicht weiterzukommen. In der Partnerbeziehung sprechen wir von „Gewöhnung".

Das ist zunächst etwas durchaus Positives.
Man hat den anderen kennen gelernt,
weiß um seine Vorlieben, Angewohnheiten und Eigenheiten,
ist auf seine üblichen Reaktionen eingestellt, kann sein Verhalten einschätzen.
Es bewirkt eine gewisse Sicherheit und Geborgenheit,
wenn man „Reaktionsschleifen" erlebt.

Aber – darin verbergen sich auch Gefahren für die Liebe.
Wenn alles in gewohnten Bahnen verläuft,
wenn sich nichts Außergewöhnliches mehr ereignet,
wenn beide Partner nicht mehr bemüht sind,
den anderen mit diesem oder jenem zu überraschen,
dann ist die Gefahr der Langeweile groß.
Und Langeweile bedroht die Liebe. Oft ist sie sogar für die Liebe tödlich.

16

Die Liebe teilen

Wenn sich eines Tages Nachwuchs einstellt,
müssen Gefühle geteilt werden.
Schon in der Schwangerschaft
fordert das heranwachsende Leben Rücksichtnahme
und entsprechende Beachtung –
wie viel mehr nach der Geburt.
Liebende Zuwendung erwarten jetzt
nicht nur die Partner voneinander,
sondern auch das Kind von den Eltern.

In einer Familie kann die Liebe wachsen und größer werden.
Gleichzeitig müssen aber auch die Eltern bereit sein,
sich selbst ein ganzes Stück zurückzunehmen.
Die Prioritäten werden in einer Familie neu gesetzt.
Das Kind nimmt einen großen Raum ein.
Es ist immer zuerst an der Reihe und fordert lautstark sein Recht.
Vieles verändert sich im Tag- und Nacht-Rhythmus.
Neue Aufgaben kommen auf Vater und Mutter zu –
manche mögen gewöhnungsbedürftig sein.

Gewiss überwiegt im Normalfall
die Freude an den Kindern,
aber – es entstehen auch Reibungsflächen,
die manchen Konflikt zwischen den Eltern auslösen können.
Wenn etwa die Hilfsbereitschaft unter den Partnern nicht selbstverständlich ist
und die Bequemlichkeit dem Teilen der Belastungen im Wege steht.
Je größer Kinder werden,
umso mehr können unterschiedliche Vorstellungen der Eltern in der Erziehung
die Zuwendung zueinander belasten.

Ganz wichtig ist beim Teilen der Liebe,
dass die Partner untereinander mitteilsam sind.
Gespräche sind nötig,
in denen Lust und Last ein Ventil finden
und Abstimmung zwischen beiden erfolgen kann.

Der Alltag

„Ich sitze immer an der Frage:
Warum halten die Menschen
die Liebe nicht durch?
Warum wird es so schwer,
wenn man täglich miteinander lebt?
Ich glaube, dass wir uns selbst
zu gern beschwindeln.
Wir beschwören,
den anderen zu lieben,
und lieben in Wirklichkeit
uns selbst,
unser eigenes Ich.

Man verlangt vom anderen zu viel.
Der andere soll freundlich sein.
Der andere soll mich bewundern,
mich auf Händen tragen,
für mich durchs Feuer gehen.
Er darf keine schlechten Launen
und keine schwachen Seiten haben.
Wehe, wenn er mich kritisiert.
Die kleinste Enttäuschung
und mein Herz ist tief geknickt.

Wir denken zu wenig daran,
was wir dem anderen schuldig sind,
was wir ihm geben können,
was wir für ihn tun können.

Sage nicht zu schnell:
Du liebst mich nicht.
Solange du nicht selbst
alles gegeben hast."

Phil Bosmans

Unterschiedliche Wünsche

Die junge Liebe blickt meist in die gleiche Richtung.
Man träumt gemeinsam … hofft gemeinsam …
geht um des anderen willen alle möglichen –
für einen selbst manchmal unmöglichen – Wege mit:
Das kann sich aber im Laufe der Zeit ändern.

Die eigenen Bedürfnisse melden sich
in der alltäglich gewordenen Gemeinsamkeit bald zurück.
Und die können sich von denen des Partners sehr unterscheiden.
Auf einmal ist die Situation da:
Zwei auf der gleichen Bank blicken in unterschiedliche Richtungen.
Würde er doch …! Würde sie doch …!

Wie geht die Liebe mit solcher Erfahrung um?
Im Idealfall hat sie Verständnis für die andere Blickrichtung des Partners
und lässt ihm die Freiheit zu seinen Unternehmungen.
Vom Partner erwartet sie das gleiche Verhalten gegenüber den eigenen Wünschen
und Vorhaben.

Liebe zeigt sich an der Fähigkeit, dem anderen voller Vertrauen
eigene Lebensräume einzuräumen.

ich und du
wollen wohl
zusammenwachsen
zu einem wir
doch wir sind
nach wie vor
ich und du

Überraschendes –
unterwegs mit der Liebe

„Tage gibt es,
da liegt alles dicht beieinander,
was wir haben
und was wir sind:
unsere Habsucht
mit der schwerelosen Leichtigkeit,
Reden und Schweigen,
Zärtlichkeit und Herzlosigkeit,
Wärme und Eiseskälte,
Berührungen und ausgesuchte Gemeinheiten,
Leben und Tod.
Meilenweit weg sind wir von unserem Anfang.

Eine Handbewegung,
die du unabsichtlich machst,
stört plötzlich,
und die Art und Weise,
wie du antwortest,
eine Tür öffnest,
einen Teller auf den Tisch stellst.
Mit einem Male,
schon wieder,
beginnst du nach Fehlern zu suchen,
willst du nichts mehr verstehen,
versteht sich nichts mehr von selbst.
Schon gleich nach dem Erwachen
der Verdruss,
leben mit Belanglosigkeiten
und mit einem Fluch.
Warum habe ich mich so täuschen lassen?

Dann aber wieder:
Ein Gespräch über die Hoffnung
und wie sie gelebt werden kann.
Das stumme Einverständnis
und ein gemeinsames Lachen,
mit dem wir uns lächerlich machen vor anderen.
Leise Worte, fast geflüstert,
Tränen aus deinen und meinen Augen,
die Hand, die tragen und trösten kann,
und diese Nähe,
die uns aufblühen lässt.
Eine Umarmung, ganz unvermutet,
weg sind alle Bedenken,
auf unseren Gesichtern liegt kein Schatten.
Gesicht an Gesicht schlafen wir zusammen ein.
Selig.

Doch dann wieder,
wer hat eigentlich Schuld?
(uralte Menschheitsfrage)
Der Kopf, der sich abwendet,
das laute Wort und der Streit,
weit sind wir voneinander entfernt.
Niemand gibt Antwort,
keiner macht einen Schritt,
grade alles wird infrage gestellt.
Der andere ist mein Gegenüber,
den ich bitte,
mich gefälligst in Ruhe zu lassen
oder mit mir zu kämpfen.

Schlimmer noch: die Gleichgültigkeit.
Das So-Tun,
als sei er einen Dreck wert,
jedes Wort zu viel,
liebensunwürdig, ganz und gar.
Nein, keinen Tag länger.

War's das Rotkehlchen,
das auf der Fensterbank saß,
oder das Lied,
das der Sprecher im Radio angesagt?
Jedenfalls fiel mir ein,
dass man auch aus Liebe schreien kann,
dass ich dich brauche für mein Leben,
so, wie du bist,
und dass das Glück herstellbar ist.

Mit einem Male stehen wir in der Küche,
umarmen uns
und lassen den Kaffee kalt werden.
Sitzen wir im dunklen Zimmer,
trinken aus einer Tasse
und hören,
wie es knistert
in unseren Herzen,
in unseren Bäuchen.
Das ist dann so,
und niemand von uns kann sagen, warum.

Das ist:
du hast deine Geschichte,
ich die meine,
deine Gedanken sind nicht meine Gedanken,
unsere Ziele und Träume unterscheiden sich.
Wir sind ein Wesen,
aber wir lösen uns nicht ineinander auf.
Allmählich sind wir einsichtiger geworden,
versuchen es zu sein,
nehmen uns Zeit füreinander,
gehen aufeinander zu und riskieren es,
es uns gegenseitig leichter zu machen.
Ich brauche dich und ich liebe dich,
morgen genauso wie heute,
und vergib mir, wenn es mir nicht gelingt,
dir das zu zeigen oder dir wenigstens zu sagen."

Dieter Schupp

Liebe in Zeiten der sich färbenden und fallenden Blätter

Der Herbst ist eine ganz eigene Zeit des Übergangs.
Still und leise beginnen sich die Blätter zu färben.
Ganz langsam zieht sich das Leben zurück aus dem üppigen Blühen
und entfaltet vor den herbstlichen Stürmen
noch einmal ein ganz besonderes Leuchten in warmen Farben.

So manche Ernte steht noch an: Obst, Pilze, Trauben –
auch die Bauern haben noch manches einzufahren.

Doch der Herbst hat zwei Gesichter.
Auf der einen Seite Fülle: September-Ernten und goldener Oktober.
Auf der anderen Seite: Rückzug.
Mit den ersten sich färbenden und fallenden Blättern
zeigt sich ein unwiderrufliches Gefälle zum Ende hin.

Die herbstliche Fülle genießen

Ähnlich den zwei Gesichtern dieser Jahreszeit
gibt es auch zwei Gesichter der Liebe bei älter werdenden Partnern.
Da wird einmal der Umgang mit einer gewissen Fülle des Lebens erlebt.
Die Kinder sind „aus dem Haus". Sie haben ihr Leben
selbst in die Hand genommen, sorgen für sich selbst.
Vielleicht wachsen bereits Enkel heran.
Das ermöglicht vielen eine gewisse Steigerung des Lebensgenusses.
Man kann sich manchen Wunsch erfüllen,
von dem man in früheren Jahren nur geträumt hat.

Mancher kann das bewusst und dankbar gemeinsam mit seinem Partner erleben.
Für beide wird diese Zeit zu einer besonnten Zeit herbstlicher Liebe.
Man kennt sich, vertraut sich,
weiß um die Vorlieben des anderen und kann gut damit umgehen.
Man hat gelernt, gemeinsam zu genießen, sich gemeinsam zu freuen,
gemeinsam alle Möglichkeiten dieser Zeit auszuschöpfen.

Das andere Gesicht des Herbstes

Während die einen noch das volle Leben im Herbst mit seiner Farbigkeit und seinen Früchten genießen können, machen sich bei anderen bereits die Merkmale des Rückzugs aus der Lebensfülle bemerkbar.

Vieles geht nicht mehr wie früher, merkt man eines Tages. Man stößt auf allen möglichen Gebieten an seine Grenzen. Der eine erlebt das stärker, der andere schwächer. Aber – unausweichlich stehen Alterungsprozesse vor jedem, auch vor denen, die sich bis ins hohe Alter einer besonderen Vitalität erfreuen können.

Diese Zeit bringt auch für die Liebe und die Zugewandtheit zueinander manche Bewährungsprobe.
Die angesammelte Lebenserfahrung macht nicht nur weiser, sondern auch kritischer. Mancher wird starrer in seiner Haltung und härter in seinen Urteilen – auch über den Partner.
Man nimmt stärker Anstoß an Dingen, über die man früher hinweggesehen hat. Vorhaltungen werden gemacht und Vorwürfe werden ausgesprochen;
denn jeder meint, aus seiner Lebenserfahrung alles besser zu wissen.
Oft redet man jedoch aneinander vorbei, weil man dem anderen nicht mehr genau zuhört. Man meint, die Einwände oder Argumente des anderen schon zu genau zu kennen.

Manchem wird in dieser Zeit seine Unterordnung unter den Partner besonders bewusst.
Aus Rücksichtnahme hat man sich immer zurückgehalten, nun aber fürchten Mann oder Frau, in diesem oder jenem zu kurz gekommen zu sein.
So entfaltet sich der Wunsch auf ein gewisses Eigenleben, womit nicht jeder Partner gut umgehen kann.

Wenn sich dann auch noch körperliche Begrenztheiten einstellen, mit denen der Betroffene erst einmal selbst fertig werden muss, kann es sehr enttäuschend sein, wenn der Partner nicht das nötige Verständnis aufbringt.

Krisenzeit für die Liebe

Rückzugserscheinungen in der Liebe können sich so zuspitzen, dass gerade auch bei älteren Paaren die Gemeinsamkeit zerbricht und sie den Entschluss fassen, sich zu trennen.
Die Zahl der Paare, die sich in der Zeitspanne zwischen dem 20. und 30. Ehejahr scheiden lassen, hat in den letzten Jahren erheblich zugenommen.

Wenn die Zuwendung im Laufe der Jahre auf der Strecke geblieben ist und der Umgang miteinander nur noch krisengeschüttelt ist, dann mag es manchmal wirklich das Beste sein, auseinander zu gehen, wobei man die damit verbundenen menschlichen und wirtschaftlichen Probleme nicht unterschätzen darf.

Es gibt jedoch auch den anderen Aspekt.
Krisen – egal ob nach 5, 20 oder 30 Jahren – können bewältigt werden, wenn beide Partner es wollen.
Und letztlich ist dieses Es-Wollen Ausdruck dafür, dass da immer noch ein Fünkchen aus der Glut anfänglicher Liebe vorhanden ist, auch unter nun vielleicht völlig veränderten Umständen und Gegebenheiten.
Professionelle Hilfe bieten die Eheberatungseinrichtungen, die so manches Paar beim Finden des Weges aus einer Krise unterstützen konnten.

²⁸ Wenn einer von beiden erkrankt

Die Liebe sieht den anderen leiden.
Sie schaut in solchen Situationen
nicht weg,
erst recht – läuft sie nicht weg.
Sie bleibt nahe.
Bereit, jeden Wunsch zu erfüllen,
jeden notwendigen Handgriff
zu leisten.
Mitleiden – Mitfühlen – Helfen.

Mit jeder Erkrankung des Partners kommt die Liebe auf den Prüfstand.
Weil mit einer Krankheit ein völlig anderes Leben beginnt,
ist die Liebe herausgefordert zu zeigen, wie belastbar sie ist.

Jetzt – da sein.
Jetzt – sich selbst hintanstellen.
Jetzt – ist das „Du" gefragt, das „Du" – ohne Wenn und Aber.
Du brauchst mich und die Liebe sagt:
Ich bin da – für dich.

Die Liebe zu einem behinderten Partner

Je nach der Art der Behinderung
sind die Grenzen des gemeinsamen Lebens enger gezogen.
Die Möglichkeiten der Entfaltung des Miteinanders
sind vielleicht stark eingeschränkt.
Die Liebe steht bisweilen vor ganz veränderten Aufgaben.
Die Herausforderungen an die Zuwendung des Partners
sind ungleich größer als üblich zwischen Nichtbehinderten.

Der Liebe wird eine besondere Last zugemutet,
wenn der geliebte Mensch nach einem Unfall im Rollstuhl sitzt
oder wenn Muskelschwund, ein Schlaganfall
oder die Alzheimer-Erkrankung
seine Lebenssituation völlig verändern.

Gerade in schwerer Zeit will sich die Liebe bewähren.
Sie lässt sich nicht schmälern;
denn sie wird sich immer wieder an das Versprechen erinnern,
in guten wie in schweren Tagen
an der Seite des anderen zu bleiben.
Gerade jetzt wird sie besondere Kräfte aktivieren
in der Fürsorge und Hilfe.

Gewiss wird sie manchmal seufzen und stöhnen,
wenn die Last drückt.
Das darf auch sein!
Lasten können schwer auf unseren Schultern ruhen.
Aber – die Liebe lässt sich nicht erbittern.
Sie hält zusammen und – sie hält durch.

Immer wieder wird sie sich aufrichten und bestärkt werden
durch die Dankbarkeit des anderen,
wenn der erlebt:
Mein Partner bleibt mir zugewandt
und lässt mich – gerade jetzt – nicht im Stich.

Winter – die Liebe in frostigen Zeiten

Der Winter ist die große Veränderung in der Natur.
Alles unterliegt einem einschneidenden Vergehen.
Die Farben flüchten.
Das Licht versinkt im Nebel.
Die Wärme weicht der Kälte.
Es gibt Tage, an denen die Sonne sich völlig zu verstecken scheint.
Man fühlt sich eingeschlossen in Unfreundlichkeit
und einsam bis ins Tiefste seiner Seele hinein.
Winter.

Irgendwann zieht auch in der Liebe der Winter ein.
Der Lebensraum wird enger.
Der Lebensrhythmus wird einfacher.
Er passt sich den verbleibenden Möglichkeiten an.
Das ganze Leben wird anstrengender,
weil das Altern die Lebensumstände Schritt für Schritt bestimmt.

Glücklich zu preisen ist dann derjenige,
dessen Partner ihn in einer Zeit,
in der das Leben auf der ganzen Linie zurückfriert,
mit einer Liebe umgibt,

    die Verständnis zeigt
    für einen stolpernden Fuß
    und eine lahmende Hand

    die begreift,
    dass das Ohr sich anstrengen muss,
    um alles aufzunehmen, was gesprochen wird

    die zu wissen scheint,
    dass die Augen trüb
    und die Gedanken träge geworden sind

    die niemals sagt:
    Das hast du mir heute
    schon zweimal erzählt

    die versteht,
    Erinnerungen an frühere Zeiten
    wachzurufen

    die erfahren lässt,
    dass man auch jetzt geliebt, geachtet
    und nicht allein gelassen ist

    die die Tage
    die noch bleiben,
    zu erleichtern versucht.

Die gute Ehe beruht auf dem Talent zur Freundschaft.

Friedrich Nietzsche

Wenn die Liebe Abschied nimmt

Eines Tages müssen wir von dem Menschen,
den wir lieben, Abschied nehmen.

Er hat uns verlassen – in den Tod
oder in ein anderes Leben.

Vielleicht auch in die Krankheit,
die das Gedächtnis mehr und mehr auslöscht.

Die Liebe zum anderen endet nicht,
wo alle Wege enden – in einem Grab.

Die Liebe umgibt mit ihrem Gedenken und Geleit
sowohl den Gehenden wie den Gegangenen.

Erst wenn unsere Erinnerung im eigenen Sterben endet,
dann hört auch unser Lieben auf.

Eine Hoffnung bleibt uns: Jenseits all unserer Abschiede
wartet die Liebe dessen auf uns, der uns ins Leben rief.

Sie wird uns wie ein Lichtschein im anbrechenden Dunkel erwarten.